PREFACE

En mémoire à mon beau père Ulrich Richert auteur de ces 56 fables de La Fontaine en Alsacien du Sundgau.

Victime d'un grave accident de la circulation en 1986, Ulrich Richert a trouvé un palliatif dans l'écriture. Il est l'auteur de trois livres et a participé à un quatrième:
« *Retour au Sundgau*"», édité en 1991, par les Editions de la Nuée Bleue à Strasboug ,   -
« *Les incorporés de Force* », édité en 2001 par les Editions - Jérôme Do Bentzinger à Colmar. –
« *Une Saga Familiale* » édité par les Editions Do Bentzinger à Colmar.
« *Nos villages autrefois* »
Il est également l'auteur de quelques trois cent poèmes en français, cent cinquante poèmes en dialecte. Il a été membre fondateur de la Caisse du Crédit Mutuel « Universités » à Mulhouse Dornach.   Il crée en 1989 « le Cercle des poètes du Sundgau » et assume sa présidence pendant 15 ans.
Il est le fils de Dominique Richert qui est internationalement connu pour avoir écrit 9 cahiers sur son expérience de la grande guerre et qui, aujourd'hui, est mis à l'honneur au mémorial de la haute Alsace à Dannemarie.
- « Die Kriegsbücher von Dominik Richert, Bauer aus St Ulrich Elsaß 1914-1918»
-« **Beste gelegenheit zum sterben** » - traduit en français » « Les cahiers d'un survivant » - et traduit en anglais « The Kaiser's Reluctant Conscript »   - **Site internet:** http://1418-survivre.net
Contact : urichert@gmail.com

Daniel Lautié

En 1er de couverture St Ulrich 68210

LES 56 FABLES DE LA FONTAINE

EN ALSACIEN

ULRICH RICHERT

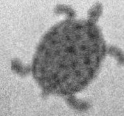

Illustration de Daniel Lautié

ULRICH RICHERT

LES 56 FABLES DE LA FONTAINE

EN ALSACIEN

Ulrich Richert

Illustration des 56 fables de La Fontaine par Daniel Lautié

1 - DR GRÂB UN DR FUX BR
Le corbeau et le renard

Wer sitzt denn dert owa ufem Nàscht
As esch so na begniagta Gàscht
Hàt en sim Schnàwel à Menschterkas
Dajenig meckelet ewer's Mas
Do brücht ma hàlt net winka
Ar tüat doch so schrecklig schtinka

Maïschter Fux geht gràd schpàziara
Ar lost sech vo dam Gschmàck frfiara
Eh bonjour mi àller schenschta Frind
Sie sin Pràchtvoll s'esch fàscht a Sind
Ihra Fadera glanza so schen
Un ihra Schtimm seïg wunderschen
Wenn Ihr no singa, i sàgs gànz kàlt
Sen ihr dr Phenix vom gànza Wald

Dr Gràb, vom Hochmüat ewernu
Fer a neï Komplimant z'biku
Un de Fux kännt epatiara
Lost sech zu ma Gsàng frfiara
Kàt a erbarmliga Kwa kwa schreia
Lost drbi dr Kas no keïa

Dr Fux tüat ihn blitzschnall tàpa
Làcht, wia sen ihr bled ihr Gràba
Âlla Wohlreder sen Kàlaüwa
Lawa vo dana wu ihna glaüwa
Dr Kas nem ech fer mi Lektion
Jedes Wark vrtiant si Lohn

7

Unser Gràb,vom Schàmgfühl ewernu
Dankt da hàsch mi aimol biku
Ar tüat ufem Näschtla retscha
Schwärt, känner meh wird mi vrwitscha

2 - DR WOLF UN S'SCHEFLA Br.
Le loup et l'agneau

Dr Schtärkscht dàs esch àllbekànnt
Da hàt laïder immer racht
As esch vo Jehar so gseh, a Schànd
Dr Patron bschtimmt, as folgt dr Knacht

A Schefla hàt àm Bachla gsofa
Im a Laüf, as hàt so na Durscht
Dr besa Wolf esch dura glofa
Blibt a Wil schteh hinter dr Hurscht
Ar hàt Durscht, à hungriga Màga
Schätzt dr Schof àb, brialt ihn à
I müas laïder der sàga
Âs ich dàs Bachla kaüft hà
Dü hàsch vo mim Wàsser trunka
Un wursch a Schtrof vrtiana
As get uf dr Walt Hàlunka
So Harglofena vo niana
Majestet àntwortet dr Schof
Zwingt eïch net en a Wüat
Ich vrtian sicher kä Schtrof
Un sàg's in àller Demüat
Dàs Bachla, fer unser Gfàlla
Ihr Känes net ànderscht sàga
Laüft scho làng fer uns àlla
Brüscht sitter Johra un Tàga
Dü hàsch mi Wàsser triab gmàcht
Brialt dr Wolf dàs Schefla à
Net meglig, i geb jo so Âcht
Be zwanzig Mäter unta drà
Un i hà süfera Baï
Schtàng drbi no uf Schtaï

9

As esch triab wia na Biar
Saït dàs perversa Tiar
Da hàsch no ebs ufem Gwessa
Letscht Johr hàsch ewer mech gschulda
Liagt dr Wolf so gànz gressa
Dàs kà ni aïfàch net dulda
Wia hat is käna màcha
Be vor fünf Monet gebora
So gànz wia fresch gebàcha
No net truka hinter da Ohra
Wenn net dü so esch's di Brüader
I be doch s'aïnziga Kind
Jed Schefla esch a Lüader
Dr Schofhert esch o miner Find

I müas mi heta racha
Kà ihr Triwa net vrgassa
Ar vollandet si Vrbracha
Hàt dàs àrma Schefla gfrassa

3 - D OMAÏSA UN D'GRILLA
La cigale et la fourmi

D'Grilla hàt dr gànza Summer gsunga
Un net drà dankt fer dr Winter z'rischta
D'Omaïsa hàt Proviant zama gschunga
Un d'Grilla schteht vor dr lara Kischta

Dr Schturm pfift ewer d'wisa Decka
Zum Winterschlof vrkriacha sech d'Mucka
D'Werm tian sech im Boda vrschtecka
D'Grilla kàt sech im a Loch vrdrucka

Wia tüat ihr lara Màga rura
Scho àcht Tàg hàt sa nit meh zum bissa
Vor Hunger bikunt si s'Ohrasura
Si will sech a letscht mol zama rissa

Klopft àn dr Omaisa ihra Tera
Gànz erschäpft un met ihrer letschta Kràft
D'Omaïsa lüagt bim Fanschter fera
Ewer dr gànza Summer hàt sa gschàft

Ich bitt se mer a pàr Karner z'lehna
Âs i dr Winter kà dura hàlta
Ich zàhl eich zruck fer àchta zehna
So wird ihr glehntes güat vrwàlta

D'Omaïsa will gàr nit wessa
Wàs kànnt d'Grilla ihr ga fer a Pfànd
As hàt si cho namol aïna bschessa
Màch amol a Füscht un hàsch kä Hànd

Si frogt, wàs han ihr denn gmàcht im Summer
Ich hà gschàft bi Tàg so wia bi Nàcht
As hàt sech glohnt, hà jetz kä Kummer
Hà Hüs un Proviànt, brüch net uf d'Jàcht

11

Ich hà mi jeda Tàg àmüsiart
Ihr han eïch amüsiart, à Pràcht
Tànza jetz wu Schtai un Boda friart
Saït d'Omaïsa, màcht züa un làcht

4 - DR FRESCH UN DR OCHS
La grenouille et le boeuf

A Fresch seht a Ochs so gros
Bringt d'Aüga net vonem los
Ar esch doch se schrecklig klaï
Net greser às a Düwa Aï
I mächt seh, minschtens so gros
Un wänn i mi fescht ufblos
Ar pumpt sech uf im Schtilla
I well mi Wunsch erfilla
Frogt si Schwester, esch's so wit
Bikum jetz bol lànga Zit
No làng net, schnall àn's Blosa
Geht's jetz bol, kàsch net losa
I Müas es erraïcha
Da màchsch mer a Zaïcha
Dr Fräsch wehrt sech blost un kràtzt
Un àm Ant esch ar vrplàtzt

As tüat àls so em Mensch geh
Will ewer d'Ândera schteh
Tüat sech o ufblosa
Ânschtàt uf a Rot losa
A Manger esch met Bànga
Wia da Fresch do gschtànga

5 - DR HÂS UN DR SCHILDKROT
Le lièvre et la tortue

Ma brüchta niamols ränna
Doch numa in dr Zit furtgeh
Sunscht tats, wàs saïsch dü dänna
Uns wia salem Hàs no geh

A Schildkrot hàt ihm latscht gsaït
Màch met àn erra Wettränna
Dàs miacht mer so na Fraït
Wenn ich sa tat gwinna känna

Dr Hàs tüat ihn üslàcha
Un saït, besch dü no bi sen
Wenn mer so na Renna màcha
Get's gar kä Zwifel às i gwin

Dü besch jo gàr net träniart
Un hàsch no so kurza Baï
Do war i güat serviart
Da besch mer viel züa klaï

Sàga ja, un as geht glich los
Scho schtehn Baïda àm Schtàrt
Wàs süacht nser Schildkrot blos
Bis ar àm Ziel , hàn ich a Bàrt

Unser Hàs kännt jo dàs Ränna
Gwina en dreï, vier Schpring
Ja wàs maïna ihr dänna
Sinner Sieg war doch züa gring

Wenn mech d'Hunda wan fànga
Renn i schnall ewer d'Haïda
Bol sen sa üspumpt do gschtànga
I gàng no na betzi ge Waïda

13

Ich hà jetz no Zit fer schlofa
Will no d'Vegel hära pfifa
Wot doch dr Schildkrot net schtrofa
I kà jo mi Sieg scho grifa

Dr Schildkrot rennt so schnall as geht
Ar git sech d'greschta Mia
Wu ar s'Ziel vo witten seht
I Schàf's dr Hàs vrwetscht mi nia

Ar tüat sech làngsàm dumla
Dr Hàs saït, Da Entschaït
Vrtian ich ohna Schumla
Ar màcht mer gàr kä Fraït

Tüat sech no amüsiara
A betzi sech àna lega
No fruckta Gemb frfiara
Kàt jo niama nit drgega

Unser Schildkrot esch fàscht àm Ziel
Wu dàs unser Làngbaï seht
Schpurtert ar jetz wia na Pfil
Gràd wu dr Gegner dur's Ziel geht

Dr Schildkrot esch voller Fraït
Làcht ewer unser duma Hàs
Ar maldet, wàs hàn i gsaït
Unser Hàs hàt a grisa Ràs

Wàs nutzt Ihra Schnalligkaït
Ihr han dàs Ränna vrlora
Un ich hà mi Hüs no traït
Schriwes eïch hinder d'Ohra

14

6- DR ISIG UN DR ARDIGA HÂFA Br.

Le pot de terre et le pot de fer

Dr isig Hàfa proposiart
Im Ardig à Üsflug z'màcha
Dajenig àwer sich excüsiart
Ar àntwortet ihm gànz im Làcha
Âs es fer ihn viel frninftiger war
Wenn ar àm Fier tat bliwa setza
Dü besch doch so schtàrk un so schwar
Wenn i nur drà dank fàng i à Schwitza
Rän i amol à, dàs wissa àlla
Tüa i en Schtecker vrheïa
Dàs tat der doch sicher net gfàlla
Met so ma Schwächling uma z'keïa
Gàng dü hàlt allaï schpàziara
Denn dich tüat gàr nit zruckhàlta
Müasch di àwer net vrliara
Ich tüa mi bràv àm Hard ufhàlta
Dr Isig Hàfa bringt ihn doch uma
Hàsch nur kä Ângscht ich tüa dech schitza
Fer às dü in kä Contàckt kàsch kuma
Kunt a Gfor tüa ich drzwischa blitza
Andlig sen sa àlla Zwaï Pàrràt
Dr isig Hàfa tüat uf ihn àchta
Ar bschitzt ihn hàlt so güat ar kàt
Tüat jedi Gfohr schàrf beobàchta
Sa wàckla furt uf ihra dreï Fias
Un tian harzhàft ànànder rännna
Dr Ardig saït, o misère ich bias
Hat ich ihm net naï sàga kända
Bim nechschta choc will ar no schreïa
Bevor ar tüat in Schticker keïa
Verreinigt eïch met glichgschtellta
Sunscht kännts eïch àm Ant no geh
Gràd wia in unsera zwai Helda

7 - S'PIERRETTE UN'S MELCHKAN NLA
Pierrette et le pot au lait

S'Pierrette traït uf sinem Kopf
A Kanla met frisch er Melch gànz voll
As h àt a Kessala uf si Zopf
Geh t met d r Melch en d 'ch tàd t amol

Lich t àglegt un no kurz d rzüa
Màrsch iart as em a sch nala Sch rit
So labh àft en d a ned era Sch üa
As esch d och no so jung, wàs wit

In sim Käpfla tüat's sch o d anka
wia as si Gwin wird àlega
Hund ert Aïer wird 's sech sch anka
Dàs esch jo a klaï Vrmega
Wenn d reï Gluch era sa briad a
Get d às a rànzion Tsch ipala
Un wenn ich sa tüa h iata
Nemmt mer d r Wolf net àlla Bibala

S'Gald von Vrkauf get a Soï
Wu ni no tüa faïst màch a
Wenn i sa vrkaüf bringt's mer oi
I fraï mi d ruf un kännt làch a
A Kiali, no met ih rem Kàlb
Wu ni en d r Sch tàll tüa sch täla
Ih r glaüwa mers wàh rsch ins nur h àlb
As kunt so wia nis h à wäla
Sa ward a Plàtz in d r Hart finga
Pierrette h àt so na Fraït
As tüat en d 'Hech a sch pringa
D'Kàna Plumbst, d 'Melch fàh rt braït

Si Vrmega liegt àm Bod a
Âd ie Kàlb, Küa, Soï, Brüat
S'ierrette kunt usem Od a

17

As h àt ewer sech so na Wüat
Geh t h aïm, tüat d r Kopf h anka
Müas sich bim Mànn excusiara
Ân si Vertaïd igung d anka
Da sot mi jo net àriara
Sa h an ih m d r Nàma ga i Wett
Unser Melch kanla Pierrette
As get Lit wu en d a Ged ànka
So sch pànisch a Sch lässer boïa
Doch ih ra Ph antasie blibt h ànka

As fah lt net numa àm troïa
Sa tian àls in ih rem Traüm
A Jed er ufford era zum Kàmpf
Âwer sa acceptiara kaüm
Âs ih ra Winsch nur sen a Krampf

8 - DR FUX UN DR SCHTORCH
Le renard et la cigogne

Âm a schena Tàg hàt dr Fux
Dr Schtorch zum Assa iglàda
Ich màch dam Klàperi na Jux
Dam Làngbaï werd's net schàda

Net amol gwirtzt un so schmàcklos
isch hàlt da Fràs uftescht worda
Dr Schtorch dankt, wàs esch do los
Da hàt net amol zwaï sorta

Dr Fux hàt si denna Braü
In flàcha Taller serviart
Met sim Schnàwel hàt dr Schtorch gnaü
Net amol a Mülvoll récupériart

Dr Fux, fer nit z'verliara
Hàt dr gànza Schmaüs gfrassa
Dr Schtorch, fer ihn kuriara
Un da Schtraïch net z'vergassa
Hàt da hingerlischtiga Burscht
Fer sina Ruckgàb o iglàda

Hàt uftescht fer Hunger un Durscht
In halsiga Gfaser, kä Schàda
Alles hàt a so güat gschmäckt
S'Flaïsch in Schticka frhaüa
Bim Fux hàt dàs dr Hunger gweckt
Ar hàt nur käna züaschaüa
Wia dr Schtorch, met sim Schnàwel

19

Dàs Assa tüat gniasa
Boït Ràcha, im a Fruckta Fàwel
Tat ihn met Fraït erschiasa

Met ema hungriga Màga
Müas ar dr Haïmwag na
Wàs warda d'Kumpel sàga
Wär kännt ihm dia Schànd na

Betriager, fer eich gilt dàs Schriwa
As racht sech immer ihr fàlsches Triwa

9 - DR WOLF UN DR SCHTORCH
Le loup et la cigogne

Unser Wolf esch a Vielfràs
Ar fresst Flaïsch un kä Gràs
Hàt so na grosa Âppetit
Un brücht nur a kurza Zit
Fer d'Beüta z'verschlinga
Dàs tüat net immer klinga
Ar hàt sa so schnall vrdruckt
Hàt drbi na Knocha gschluckt
Wu im Hàls esch bliwa schtacka
Ar esch totblaïch vor Schracka
Troït sech nema riara
Kännt no s'Lawa frliara
Ar kà jo nema schreia
Will gràd in Ohmàcht keïa

Do kunnt a Schtorch ku hinka
Dr Wolf kàt ihm no Winka
Da schtreckt dr Schnàwel in si Hàls
A Jed Tiar brücht a Frind àls
Ar kà dr Knocha üsa rissa
Ohna ihm si Kela z'frissa
Will drno a Lohn vrlànga
Vrdaüt d'Antwort met Bànga
Wàs tüasch mer do Pràla
Ich sot di jetz no zàla
Âm Knocha usa rissa
Hat ich di käna bissa
As wird mer andlig klàr
Besch schrecklig undànkbàr
I màhn dech güater Ant
Lauf mer nema en d'Hand

10 - D'SCHTÂDTRÂTA UN D'LÂNDRÂTA
Le rat des villes et le rat des champs

D'Schtàdtràta hàt ihra Frind
Unseri Làndràta iglàda
So äbs màcht sech courant ich find
A Visita kàt nia schàda

Si hàt sa güat empfànga
A flot Assa prepariart
D'Làndràta kunt met Bànga
Si esch schrecklig scheniart

Dàs nowla Assa hàt ihra gfàlla
Si hàt sech so regaliert
Ihr Cousin, dr bescht vo àlla
Seht wia sa profetiart

Uf aïmol ratzt a Tera
D'Schtàdtràta tüat vrschräcka
Si rennt hingerem Tisch fera
Geht blitschnall sech vrschtäcka

D'Làndràta rennt ihra no
Un zittzeret vor Ufregung
Geht dàs emer bi der aso
Nia kä freya Bewegung

Bol esch doch d'Gfor vrschwunda
Sa käna zum Vrschteck üsa
So ufregenda Sekunda
Kännta ainem scho grüsa

Mer langt dia Ângscht fer làng
Ich zettera uf da Wàda

Hà gnüa vo dr Schtàdt ich gàng
I mächt di fer morn ilàda

Hà hàlt kä so nowel assa
Wia d'Ràta üs dr Schtàdt
Müasch àwer net vrgassa
Jeda Tàg ess ich mi sàt

Un da därfsch's riewig hära
Assa tüa ich met Rüa
Niama kunt mech ku Schtära
Här d'Vegel pfifa drzüa

11 - D'AÏCHA UN S BÂCHROHR
Le chêne.et le roseau

D'Aïcha hàt zum Bàchrohr gsaït
Se Kännta d'Nàtür àklàga
Wenn ma net amol a Vogel traït
Dr gringschta Wind bi haïsa Tàga
Wu net amol käna Walla màcht
Z'wingt eïch Ihr Kopf z'naïga
Âwer mi Krona, as esch à Pràcht
Lost kä Sunnaschtràl sich zaïga
Trotzt in a jedem grüsiga Schturm

A Wirbelwind esch fer mech a Leftla
Wenn sa ufku wara ihr Nida
Unger mim Wàsserdichta Gleftla
Tata ihr net so schrecklig lida
Em Schutz vo miner grosi Decka
Tat ich eïch vom Gwitter schona
Ich kännt d'Näscht ewer sie schtrecka
As tat sich werklig fer sie lohna
Gwenlig tian ihr s'liacht sah
Ân Nàssa Schtella üsgsetzt im Wind
Wia ungracht, às sot dàs net ga

Ihr metgfühl saït s'Rohr, ich find
Kunt vo Harza, àwer kä Sorga
Dr Wind màcht mer net s'gringschta Laïd
Ar blost mi à bi Nàcht, bi Morga
Wenn i so Way dàs màcht mer Fraït
Ich biag gànz fescht àwer brech net
Ihr han zum Glick, àm kritischa Momant
A Wiederschtànd glaïchta bis het
Âwer wàrta mer àb bis àn s'Ant

Küm hàt unser Bàchrohr fertig grät

24

Erschient àm Horizon, met Wüat
Dr üserschreckligschta Kàdät
Wu dr Norda uns bringa tüat
Dr Baüm schteht fescht, s'Bàchrohr biagt
Dr Schturm vrdoppelt no sina Kràft
D'Wurzla gan no, unser Baüm fliagt
Üsgwurzelt liegt dr Held in sim Sàft
Da wu si Krona gschtreckt hàt met Schtolz
Git jetz numa no trisig Schtär Holz

12 - DR BÜR UN SINA KINDER Br.
Le laboureur et ses enfants

Dr Mensch müas schàffa, ar get sech mey
As lohnt sech emmer ob schpot oder frey

A richa Bür, gànz noch àn sim Tot
Riaft in sina Kinder in dr Not
Ohna Ziega tüat ar verroda
A Schàtz seïg vrgràwa en sim Boda
Ar saït, ich waïs net wu ar liegt
I winsch nur às as eïch jetz glickt
Da Schàtz so schnal às meglig z'finda
Ihr mian no mim Tot harzhàft schinda
Gràwa, süacha, schpàta un maya
n wenn dr Âcker raîn esch saïa
Jed Platzla mian ihr umkära
Känner derf sich àn dr Ârwet schpära

No sim Tot gràwa met grosem Muat
Âlla sina Kinder s'gànza Güat
Âm Ant vom Johr wàs tüat pàssiara
D'greschta Arnt sa recoltiara
Kä Schàtz esch in ihrem Âcker vrschteckt
Sa han àwer aï Wohret entdeckt
Dr Vàter hàt ihna màcha erkäna
Âs jeda Ârwet sech Schàtz kàt nänna

26

13 - D'TIARER PESCHTKRÂNK
Les animaux malades de la peste

A Krànket wu terrorisiart
Wu àlla Tiarer Tràcktiart
Dr Hemmel im a h aïliga Zorn
As h àndelt sech namlig um d'Pesch t
Wu àll àrm Veh vrseü ch t so fesch
Sa h an so sch recklig Ângsct vo morn
Sch tarwa net àlla, sin doch àgsch teckt
Ma seh t käna meh occup iart
Ih r sch tarwend Lawa z'erh àlta
S'Assa werd nema àgriart
Sa liga uma wia Verreckt
Wär kännt dia Làg vrwàlta

D'Wälf un d'Fex tian kich a
Bliwa liga, geh n nema uf Raü b
D'Duddeldiwla vrsch teckt im Laü b
Tian diskret anànder wich a
Sa sen àlla voller Wunda
Liawa Fraït sin vrsch wunda

Dr Leb riaft i fer z'berota
Frogt wàs h an mer àgsch tellt mina Find
Will dr Hemmel fer unseri Sind
Uns vrdàma bis en dr Boda
I sch làg vor, dr Sch uldigsch t vo àlla
Âs im Herrgott sina grosa Wü at
Sech doch a Weni lega tü at
Sich op feret fer si Gfàlla

In so ma Fàll beläh rt uns d'Gsch ich t

Op feret sich gweh nlig dr Sch uldig
Dr Hemmel esch drno àls h uldig
Belda mer jetz amol unser Grech t
Ich winsch ufrech tig ü ssàga
Wenn i so sü ach in mim Gwessa
Ich h à h àlt a mang Sch efla frissa
Fer z'sch tilla mi h ungriga Màga
Dia Tiarla h an mer nit gmàch t
Mangmol h àn i no dr Hert gfrassa
Ar h àt brialt, kàs net vrgass
As esch gwenlig p àssiart bi Nàca
Ich will garn zâh la àwer ich dank
Âs a Jeder vorh ar sech besch uldigt
Un às Kànner vo uns sich h uldigt
Denn d'Grach tigkaït soll àls Gsch anh
Dr rech tiga Vrbrach er sch trofa

Majestet Ih r sen zü a gü at
Saït unser Fux da Woh lreder
Bleda Sch ef frassa im a Wü at
Isch kà Sind, ih r h an sa sogàr geh rt
Un vom Sch ofh irt tat i garn sàga
Ar liegt uns sch o làng ufem Màga
Ich h à ersch t gesch ter wider gh ert
Âs d'Mensch a Ih r Plàtz wan na
Sich àls Kenig vo uns erklàra
Wiedersch p ruch , dia wan mer làra
Hü rla d'Sch maïch ler, dàs derf's net ga
Kànner h àt me troïa mup fa
Dr Tiger, dr Bar, as esch a Bin
Sin o gànz gü at dura gretsch t
D'Kràch sü ach er h àt's net vrwetsch t
Sa h an biku dr Haïligasch in
Un h an unbsorgt ih r frevel traït

Dr Esel àn dr Raïh a h àt gsaït
Ich mald ih na jetz mi vrgànga
S'isch nit beses ih r wardet s'sah
Ich will garn ih r Urteil ànah
Ich be nawenera Màtta gànga
Hunger, s'murwa Gràs net vrgassa

28

Dr Teïfel h àt mi no drà druckt
Frfiart h àn i mi drno gebuckt
Un h a na Mü l vol vom Gràs gfrassa
I h à gar kä Rach t kà drzü a
Un sch tàng jetz vor eïch àn dam Tisch
Dank às mi Vrgeh net so sch war esch
Gràs get's namlig eweràl gnü a

Âwer kä Tiar esch ih m h uldigt
Dr Wolf wu na weni Rach ta glärt
Hàt sa in era Âred ufklärt
Dr Esel isch allaï sch uldig
Dur sina gmaina Freveltàt
Mer mian fer im Sch ep fer gfàlla
Ih n umbringa, dàs wessa àlla
Âs dr Herrgott uns h aïla kàt
Mer warda gräta wenn mer ih n morda
Si Urteil esch volsch treckt worda

Je Ih r màch tvoll sen oder eland
Sin ir sch uldlos oder sch uldig àm Ant

14 - DR FISCHERAÏER
Le héron

Wär màrschiart därt uf sina lànga Baï
Dr Fischeraïer met sim so lànga Hàls
Ar geht schpàziara àm Bàch allaï
Jeda Tàg isch unser Làngbaï uf dr Wàls
S'Wàsser esch so klàr bi dam schena Tàg
Dr Kàrpf da Klatschbasa schwimt uma un àna
Met sim Kumpel dr Hecht, wu ar güat màg
Dia Baïda han gàr net käna àhna
In wàs fer era Gfohr ihr Lawa üsgsetzt esch
Sa sen no so gànz àm Ufer no gschwuma
A Fischeraïer ernährt sech doch met Fisch
Ihra Find kännt jetz profetiara
Hat ar met sim Schnàwel àwaglangt numa
Hata sa ihr Lawa känna frliara
Dr Vogel hàt dankt, i well no na wil wàrta
Bis às i a Weni meh Hunger bikum
Ar hàt doch Regime gmàcht, glabt wia uf Kàrta
Un esch in Wirkligkaït soïmasig dum
No nera Wil hàt ar doch Âppetit biku
Ar esch weder gànz noch àn's Ufer gànga
A Pàr Schleïa sen gràd vor ihm ufa ku
Ar hat sa met Lichtigkaït käna fànga
Sa gfàlla ihm net, hàt äbs besserres wälla
Un tüat sa met Veràchtung àlüaga
Kä Làngbaï tat sech àn minera Schtälla
Sech met so ma àrma Schmaüs begniaga
Glich druf entdeckt ar no na klaïna Grässa
Ar saït sech, s'esch net wohr, Mensch Maïer
Âs ich nur mi lànga Schnàwal tat nässa
Da Fisch esch net würdig fer a Fischeraïer

Âwer si grosàrtigkaït esch gschtroft worda
Kä aïnziga Fesch hàt sech meh lossa fànga
Àntscht schwàssiara unter mehrera Sorta

Esch da Herr troschtlos àm Ufer gschtànga
Hunger esch dr bäschta koch mians net vrgassa
Ar hàt güater Ant a Schnack miasa frassa

Ma därf niamols dr Vrwehnta schpiela
Un sech met àll dam wu ma hàt begniaga
Will ma àlles, kàt ma viel frschpiela
As kännt sech aïner salwer betriaga
Hiatet eïch fer ebbis gring z'schätza
Bsunders wenn ihr àlles han wu ihr brücha
Sunscht mian ihr no met lara Hand àbwätza

15 - D'FRAU UN S GHAÏMNISS Sch
Les femmes et le secret

A Ghaïmnis tüat sech schwar tràga
Un a Jeder kännt dàss ihna sàga
A Fraü tüat sech schnall frhàüa
Un viel Manner sen o Fraüa

Letschthin hàt amol a Mànn wäla
Sina Frau uf d'Proba Stäla
In sim Bett tüat ar lüt schreïa
Kà nema, will en Ohmàcht keïa
Ich tüa gràd a Aï gebähra
Do hàn is, will àwer net hära
Âs dü dàs Wunder tatsch vrbraïta
Esch mer doch scho gnüa vrlaïta
Dü tüasch doch o d'Menscha käna
Sa tate mech no Hianla näna
D'Fraü, vo dam Wunder ewerziegt
Im Laufschrit zu dr Nochbera schtiegt
Si tüat Ihra àvertroïa
Worum bi Nàcht ihr Mànn so gschroïa
Dàs Ghaïmnis därfa ihr net sàga
Sunscht bikum i schwara besa Tàga
Mi Mànn, ich tüa mi schàniara
Legt a Aï so gros wia Viara
Ihr derfa s'Ghaïmnis net verroda
Mi Mànn schlàt mech sunscht in dr Boda
Si vrschpricht, i wird's fer mech bhàlta
Blib unbsorgt ich kà s' Mül hàlta
Bol kunt si fàscht üssem Oda
Hàt s'Ghaïmnis en zehna verroda
Ânschtàt a Aï saït si Dreï
às esch laider bim Mensch net neï
D'Ratschwiwer klatscha un wiada
Ar hàt scho vier Aïer briada
S'Wunder esch jetz scho àllbekànnt

32

D'Aïer schtiega àm laüfenda Bànd
Vo Mül zu Mül käma na pàr drzüa
As sen scho Hundert, esch's acht gnüa

16 - D'HÜAN WU GOLDIGA AÏER LEGT
La poule qui a pondu des oeufs en or

A Hungerlider werd's immer bliwa
A Manger hàt àlles verlora
Siner Gaïz kàt ihn so wit triwa
Âs ar's bereït fer lànga Johra

Amol hàt ainer a Hüan bsassa
Wu ihm Johr us Johr i, jeda Tàg
A goldig Aï, net vrgassa
Glegt hàt, im Nascht ungerem Hàg

Dàs hàt ihm gmàcht a grosi Fraït
Doch da duma Mànn hàt sech igrät
In sinner enorma Hàbsüchtigkaït
Dàs Hüan kännt sicher hà, i Wät
Siner Büch voll goldiga Aïer
Ar hàt sa gmetzget un ufgschneta
Âwer wàs fingsch do, Mensch Maïer
Wia hàt da duma Mànn gleta
Ar hat no làng käna süacha
Ka net s'gringschta Aï finga
No hàt ar àfànga Flüacha
Si Fraü wird ihm a Liadla singa

As sot fer a Jeder seh a Lehr
Wenn ar züa schnall rich will warda
Hàndelt ar maïschtens ohna Ehr
As racht sech àlles uf dr Arda

A junga Küa, a Gaïs
Un a Schefla, a Klaïs
Han a Tiarverraïn belda
Met ema Leb, a wilda
Sa han metnànder bschtimmt
Âs Jedes sina Sàcha nimmt
Sa in d'Âlgemaïnhaït git
Han üsgmàcht, wàs hàsch wàs wet
Âlles wu sa in Züakunft finga
Mian sa en d'Gmaïnschàft bringa
In dr Gaïs sina Schtrickla
Kunt sich a Hirsch vrwickla
Si schickt ihra Pàrtner bschaït
Âlla han a grosa Fraït
Unser Leb bschtimmt in aïla
Ich will nser Fàng frtaïla
Mer sen unsera Viara
Fer kä Zit z'verliara
Wird dr Hirsch in Viar gschneta
Ihr sen d'accord às ich heta
Âls Kenig a Taïl bikum
Un as war doch vo mer sehr dum
Wenn i net s'Zwaïta tat na
Freywillig warda ihr mer's ga
Fer mi Müat esch s'Dreta mi
I nem's hàlt, wàs esch drbi
Hàt ebber s'letschta wella
Ich verwirk ihn uf dr Schtella
Verrainigt eïch met glichgschtellta
Sunscht kännt's eïch àm Ant no geh
Gràd wia in unsera dreï Helda

18 - D'LÖWIN UN DR BAR
La lionne et l'ourse

A klaïna Leb esch gebora
Sina Màma hàt ihn vrlora
A Jager hàt da Schwächling gfànga
D'Màma brüllt met grosem Bànga
Dr gànza Wàld esch derangiart
Vom grosa Kràch wu sa frfiart
D'Nàcht dura tüat sa schreïa
Un ihr àrmes Kind bereïa
Kä Waldbewohner kà me schlofa
D'Lewin tüat sa àlla schtrofa
Dr Bar saït, güata Fraü
Han ehr eïch scho bsuna gnaü
Ewer à:lla klaïna Kinder
Wu ihr bi Summer un Winter
Umbrocht han fer sa z'frassa
Ihr han drbi wàhrschins vrgassa
Âs sa Pàpa un Màma han kà
Un as tüat dana àlla à
Üs Ângscht vor Ihna han sa gschwega
Un han ihr Schmarz ins Harz bega
Sa tata ihna vrzeïa
Wenn sa vota ufhära met schreïa

I kà net schwiga en mim Schmarz
Ar tüat mech bloga bis en s'Harz
Ha miner aïnziga Suhn vrlora
Suhn vo Kenigin Hochgebora
Worum hàt dr Tot net mech gnu
Wird a schmarzhàfta Âlter biku
Ihr käma scho do drewer awack
Ihr maïna dàs, a Hàfatrack

36

As esch fer mech a Schicksàlschlàg
I be frzwiefelt fer Johr un Tàg

Misràwla Mensch dàs geldet der dich
Âlles traït sech nur um s' Wort « Ich »
Nem Âtaïl àm Nechscht sim Laït
Hoffentlig màchts der kä Fraït
Da kàsch di hàlt net ewerwinda
Wenn a Ungleck dech tüat finda

19 - D'OMAïSA UN S'DIWALA
La colombe et la fourmi

A Diwala wu àm Bachla trinkt
Seht a Omaïsa dri keïa
Lüagt wia dàs Tiarla schingt
Kàt net amol um Hilf schreïa

As hàt metlied un geht ihm zur Hilf
D'Omaïsa kampft so güat si kà
D'Düwa werft ihr à hàlma Schilf
D'Unglickliga klâmmert sich drà
Ihr Lawa àn dara Hàlma hangt
S'Diwala hàt ihr s'Lawa gschankt

Kunt bàrfüas a junga Lemel
Met ema Schiasboga en dr Hànd
Entdeckt d'Duwa wu fliegt àm Hemmel
Seht si scho em Tepfi, so na Schànd
Ar zielt jetz met sim Schiesboga
Wàs tüat mech àm Farsa schtacha
S'esch d'Omaïsa wu gànz vrwoga
A Schtrech ziat dur si Vrbrache

Ar draït sech um un lost a Gàl
S'Diwala härts un fliagt awag
Dr Schmaüs esch furt, as esch normàl
às blibt ihm jetz no, na Hàfatrack

Bi Glagaheit em Metmensch bischteh
No tats uf dr Walt viel besser geh

20 - D'SOÏ D'GAÏS UN DR SCHOF
Le cochon la chèvre et le mouton

A Soï a Schof un a Gaïs
Sen àlla metnànder uf Raïs
Sa brücha het hàlt net laüfa
Dr Patron gehr sa ge frkaüfa
Ar mecht doch lesa na bola Gald
Denn nur dàs regiart unsri Walt
D'Soï schreït in volla Ten
Âs àlla Lit ihr üswag gehn
Ma tüat sa vo wittem hära
Niama wot ihra dr Wag schpära
Wenn sa widderscht brialt ich glaüb
Wird a jeder wu sa härt taüb

D'Gaïs kàts nema üshàlta
Wirsch bol met dim Briala hàlta
Dr Patron tüat ihra sàga
Wrum härsch du net uf met klàga
Met dim Schreïa, as esch a Schànd
Vrliara mer no dr Vrschtànd
Nem Beischpiel uf d'Kàmaràda
As tat uns àlla net schàda
Schaü da Schof tüat nit sàga
Ma härt ihn kä Tenla klàga
Seh doch wia ar vrninftig schteht
Ich bhaüb ar esch soïmasig bled
Un weist net wàs ufen keït
Deshalb ar net so schrecklig schreït
Un wàs dia Gaïs belàngt
Ihr Lawa nur àm a Fàda hàngt

Si maint as tat um ihra Melch geh
Sunscht kännt sa net so riewig schteh
Un unser Schof, ar wird scho no sah
Glaübt sa wan ihm nur d'Wula na
Ich hof fer sa às sa han Racht
Âwer wàs bleyt mer àrma acht
I hà kä Hoffnung, às des Waïsch
Mi gànza Wart hàngt àn mim Flaïsch
Un dàs beditet nur miner Tot
Kà numa briala en dr Not

D'Soï tüat frninftig danka
Ihr Lawa tüat àm a Fàda hanka
Âwer was nutzt ihr Lamentiara
Si müas doch ihr Lawa frliara
Trotz ihra Ângschta un Kummer blos
Unter s'Masser esch doch ihr Los

Glicklig isch dajenig, wenn's ihm klingt
Wu net dankt wàs ihm d'Züakunft bringt

21 - D'WILDA UN D'REWIGA BÂCH Br.
Le torrent et la rivière

Dr Barg àwa met grosem Kràch
Schtremt, schümt un tobt a welda Bàch
Fer drewer z'geh fiart kä Schtag
Âlla Menscha gehn ihr üswag
Si beldet wia na Schpära
Ma kàt sa vo wittem hära
Kaïner will sech dri riskiara
Sa tat ihn in dr Tot fiara
A Mànn, fer da Schälma z'entku
Hàt siner Müat en d'Hand gnu
Ar hàt sech net derfa bsenna
Un schteht metz im Wàsser drina
As esch net tiaf àn dam Ort
Haïl s hteht ar ufem àndra Bord
Sinner Erfolg get ihm Müat
D'Schälma in grosser Wüat
Wann d'Frfolgung net ufga
Ar müas d'Flucht widderscht na
Schteht bol vor era grosa Bàch
Si schtremt gmiadlig ohna Kràch
Da schtilla Bàch dankt ar esch gwis
Fer mi schnall Ross kä Hinternis
Ar rischtet sich zum Ewergàng
Be gräta wenn i dana schtàng
Da Bàch,esch tiaf ohna Boda
Bol kunt s'Ross üsem Oda
Baïda tian vrsinka
Meh às gnüa Wàsser trinka
Kä Mensch in ihrer grosa Not
Kàt sa räta vom sichera Tot
Losa wàs ich eïch riaf
Schtilla Wàsser grinda tiaf
Da Duckalamüser kàt ma net troïa
Âwer uf d'Grachta derf ma boïa

41

22 - D'SCHÄLMA UN DR ESEL
Les voleurs et les ânes

Zwaï schälma tian sech Raüfa
Sa han metnànt a Esel gschtohla
Aier well ihn glich vrkaüfa
Dàs kâsch uf dr Kàlander mola
Mer käna dàs Tiar net schpàlta
Ich be ihn im Stàll ge mäckla
Ar esch mi, ich tüa ihn bhàlta

Un loss mech net vo der vrseckila
S'Deschpetàt geht vo frischem los
Sa blüata bol àlla Zwaï
Da Kràch esch waga ma Esel blos
Sa hauïa dri met Füscht un Baï
Un wahrend às àlla Baïda
Sech anànder d'Hor üsrupfa

Un voller Hàss sech schtraïta
Dr Teïfel sa tüat schtupfa
Kunt no so na dreta Lüsbüa
Nimmt dr Esel un disselet àb
Làcht sech eïns in d'Füscht drzüa
Un dankt ich màch a güata Tàp
Da Schälma, i müasses sàga
Liegt da Diebschtàhl ufem Màga

A Esel esch mangmol a Provinz
Unsera Schälma na besa Prinz
A Hunna, Chines oder Ungàr
Ziat Alles àn sech s'esch klàr
A dretta Schelm as kàt net fahla
Tüat ihm sina Provinz schtahla
Unser besa Herscher vrjàga
S'esch jetz no schlimmer härt ma saga

23 - DÂLTA KÂTZ UN D'JUNGA MÜS
Le vieux chat et la jeune souris

A klaïna Müs no sehr jung
Met gànz wenig Erfàhrung
In dr Kàtz ihra Kràlla
So schlim wia n'a fàlla
Hàt wälla gànz vrlega
Ihra besa Find bewega

Tian mer mi Lawa schanka
Wàs kàsch dü numa danka
I lab doch so en Bànga
Da besch jetz hàlt gfànga
I mächt doch no lawa morn
Brüch em Tàg a karnla Korn
Be net frasig wia d'Kàtza
A Nuss màcht mi fascht z'plàtza
Mi Màga esch bol glàda
Ohna dim Patron z'schàda
I fühl mech emmer in Gfor
Be màger wia na Rohr
Wàrt numa bis em Winter
Schpàr mech fer dina Kinder
Gmäschta geb i a Imbis
Heta fer dech nur a biss

Da tüasch di trompiara
Brüchsch mer kä Vortràg z'fiara
Màchsch mi miad met dinner Red
Da nemsch mech wohl fer bled
Da kàsch no àwa kneiä
Wird der doch net vrzeïa
A àlta Kàtz hàt ä Harz
Kä Metlied un kä Schmarz

Be do zu dim Vrdarwa
A Gebat da müasch jetz starwa
Mina Kinder kà ni singa
Warda scho ihr Frassa finga

D'Moràl vo dara Sàga
Findet ma àlla Tàga
Komplexa kännt d'Jugend net
Si wil àlles un glich het
As get o sehr viel àlta
Wu àlles fer sech bhàlta

Le 7 mars 2008

24 - DR ÂLTA GUCKEL
Le vieux coq

Ar tront so schtolz ufem Meschtschtock
Da so ibeldena àlta Bock
As esch doch unser Guckelhàhn
Labt emmer no em Grösawahn
Trompetet à schwàch gigrigi
Âlle Hianer sen doch no mi
Si Harem will nema losa
Ar kàt is en d'Schüa blosa
Mer han ihn làng gnüa dulda
Freyer hàt ar ebbis gulda
Wu ar no, uf dara Màta
Jeda Tàg uns hàt begàta

Jetz, ihr han's jo scho erroda
Kunt ar gànz glich üsem Oda
Wenn ar uns amol fànga well
Grüba mer àb un sen gànz stell
Ar màcht hàlt numa wàs ar kâ
Mer màchta doch no ebbis hà

Ar fàwelt met groser Fraït
Labt en dr Vrgàngahaït
Dankt àn dia schena Zita
Zehna hàt ar käna rita
Dr Raïha no, gànz ohna mia
Hàt ar sa käna durazia

A Hüan hàt letscht briada
Zwelf Aïer hàt sa ghiata
Blos sechs Gligala sen üsgschlupft
Dr Gigrigi hàt nema gmupft
Dr Hàhna Tropft, Mensch Mayer
Hàt befruchta d'hàlwa Aïer

25 - DR ÂLTA LEB
Le lion devenu vieux

Dr Leb, terror vom gànza Wàlt
No sinner so lànga Herrschàft
Voll Rhümatissa, ar hàt no kàlt
Liegt àm Boda in letschter Kràft
Dankt zruck àn sina Heldatàta
Si Lawa hangt jetz àm a Fàda

Âlla sina Untertàna
Fühla sech schtàrk dur si Schwàchhaït
Frach tian sa ihn jetz màhna
Ân sina vrgàngena Groïsàmkaït
Un sa wan sech andlig racha
Vo àlla sina Vrbracha

S'Ross kunt un get ih a trett
Dr Wolf bist ihn gànz schmarzhàft
Dr Ochs get a Hornschtos, wàs wett
Dr Leb liegt àm Boda , ohna Kràft
Ar kàt net amol meh klàga
Dànkt as geht mer àn dr Kràga

Ar seht dr Esel ku ränna
Sot i denn àlli Schànd känna
I hà güat välla furt geh
Âwer dàs ka ni net üschteh
S'Groïsàmschta uf dr Arda
Isch vo dir gfoltert warda.

26 - DR BAR UN ZWAÎ KUMPEL
L'ours et les deux compagnons

Zwaï Kumpel met Galdsorga
Gehn am a schena Morga
In a Pelzgschaft un sàga
Mer wan en nechschta Tàga
A grosa Bar ge jàga
Ar wird uns net furtlaüfa
Dr Pelz wan mer vrkaüfa
Ihr kännta ohna Sorga
Uns a Âzàhlung borga
Mer wan jetz doch net marta
Ihr käna sehr rich warda
So Pelz fingt ma niana
Danka wàs ihr vrtiana
Unser Bar labt zimlig wit
Gan uns nur zwaï Tag Zit
Sa han s'Gschafr àbgschlossa
De Bar esch no net gschossa
Sa Schtehn im Âschtànd däna
Scho kunt dr Bar ku räna
Wia von Blitz getrofa
Sen Baïda furt glofa
Dr Aïnt grabst uf a Baüm
Schnaller às wia im Traüm
Si Kumpel uf da Viara
Derf sech nema riara
Hàt amol hära sàga
Âs d'Bara, wenn sa jàga
Riewig lehn a Laïcha
Ona Laweszaïcha
De Bar wu vor ihm gschtànga

47

Isch uf da Blüf igànga
Ar tûat ihn umabiga
Fer sech gànz z'ewerziga
Traït um fer ihn z'verwäcka
Tüat àn ihm umaschmäcka
De Jager, en sinner Not
Vor Ângscht fàscht hàlwer tot
Dankt in dr nechscht Sekund
Schlm
Schlàt mina lätschta Schtund
In sinner Ângscht, dar grosa
Màcht ar gli noch en d'Hosa
Ar kà dr Bar vrseckla
Da Brüader Tüat scho Meckla
Ich will mi Frassa finda
Tüat im Wàld vrschwinda
Dr Ânder schtiegt vom Baüm àwa
Seht dri wia vrgràwa
Dr Pelz esch jetz vrschwunda
Wàs saït unsera Kunda

Ar hàt dich uma traït
Un der ebs in s'Ohr gsaït
As legt mer ufem Màga
Wàs hàt ar vàlla sàga
Hàt gsait los mech laûfa
Mi Pelz esch net z'verkaüfa
No hàt ar àfànga làcha
Met Schprech kàsch kä Gschaft màcha
Un fer mi Pelz z'verglitscha
Müasch mi zerscht vrwitscha

48

27 - DR ESEL GLÂDA MET SCHWIM UN DA MET SÂLZ Br.
L'âne chargé d'éponges et l'âne chargé de sel

A Eseltriwer, dr Schtacka n dr Hànd
Schtolz wia na Kenig üssem Morgalànd
Dum un ibelda triebt ar zu dr Schtàdt
Zwaï Esel, dr Ain drvo hàt scho sàtt
Ar traït a Làdung Sàlz ufem Ricka
Dr Ander Schlaümaïer tüat sech schicka
Zwaï Säck Schwim sen si gànza Làscht
Ar hàt hàlt chance da Glickliga Gàscht
Ar hebt sech zruck, sunscht schpringt ar in d'Heh
Totmiad blibt dr Ânder àls wedder schteht
Sa màrschiara ewer Barg, Tàl un Hàng
Âwer bliwa schteh àm a Flussewergàng
Dr Chef kàt sech uf dr Schwumesel setza
Âlla drei tian dur dr Fluss wetza
Ar tüat dr Sàlzesel vorrüs jàga
Bol hàt da Wàsser bis àn dr Kràga
Bi dam Bàd tüat àller Sàlz vrgeh
Bol kàt ar, ohna Làdung, àm Ufer schteht
Ar gunbt en d'Heh, brüllt entsetzlig vor Fraït
Dr Schwumesel dankt, i waïs jetz Bschaït
Ar tuat sech im Wàsser uma trela
Lost net ufem Maïschter si Kràgala
D'güata Schwimm süga sech im Wàsser vol
Dr Maïschter un ar gehn ungera bol
Fàscht so viel às d'Schwim tian sa schlucka
S'Gwicht vo dana tüat sa àwa drucka
Dr Esel müas zerscht dr Gaïscht ufga
Dr Maïschter will ihn no in d'Ârma na
Kunt andlig aïner zur Hilf ku ränna
Hàt dr Triwer àn's Ufer rissa känna
Dàs Gschichtla tüat drzüa fiara
Âs en era gwessa Situation
Net Jeder namlig derf reagiara

49

28 - DR ESEL MET EM LEWAPELTZ
L'ane vétu de la peau du lion

A Esel legt a Lewapeltz à
Âlles tüat vor ihm furtschpringa
S'esch numa na Esel unta drà
Met sim Üssah tüat's ihm klinga
In àlla Totesàngscht i z'jàga

Si Ohr esch zum Pelz usa gschtànga
As liegt ihm het no ufem Màga
Si Vollmàcht esch net widderscht gànga
D'Ângschthàsa gehn ihm àn dr Kràga
Ar tüat siner Peltz vrliara

A Üssah kà a manger Vrblüfa
D'Behörda màcha Schprich ich find
Un tian d'Menscha vrkola
Sa traya sech àls wia dr Wind
Wan immer ihr Vorteïl hola

29 - DR ESEL UN S'HENDLA
L'âne et le petit chien

Ma därf si Tàlant net forsiara
Un müas immer àn sim Plàtz bliwa
A Plumper kà sech net uffiara
Sech vrhàlta un no àlles triwa
Wu sech a Galànter kàt erlaüwa
Ar sot wessa wia wit ar kà geh
Un sech net ibelda oder glaüwa
Sunscht kàs ehm wia dam Esel geh
Wu en sinnera Aïfaltigkaït
A Hihà esch leiter net gscheït
Unser àrma Kumpel hàt sech gsaït
Mer wan hoffa às es ebn net reït
Ich will mich amol frindlig zaïga
Kännt ich net mi Maïschter schtricha
Mech amol vor ihm àwanaïga
Dàs Hindla dert brücht nia wicha
Vrbringt a Axischtanz so na schena
Met em Patron un sinera Fraü
Sa tian's schtricha un vrwehna
Un ich Esel bikum emmer nur Haü
Wàs màcht's numa, as get dr Doba
Un scho names Baïda en d'Ârma
Sa bewunderes un tian's loba
I kà hàlt numa schàffa ich Ârma
I Müases doch amol probiara
Sa hata mech vellicht drno o garn
I kà drdur doch nit frliara
Hà vellicht amol a bessera Schtarn
Dr Maïschter esch gràd güater Müat

I müas schnall üsnutza da Momant
Wot doch às ar mech liawa tüat
Un às ar mech so garn hat àm Ant

Ar lepft si àlt üsgschàft Huf en d'Heh
Un schtricht in sim Patron d'Bàcka
Kràgelt no si Hihà O weh
Dr Patron bikunt fàscht a Âtàcka
Scho hàt ar siner Schtacka en dr Hànd
Schlàt met àller Kràft uf dàs àrma Veh

Wenn ainer hàndelt, s'esch àltbekànnt
Wia na Ânderer màcht's mangmol weh

30 - DR ESEL WU RELIQUIA TRAÏT
L'âne portant des reliques

A Esel traït ufem Ricka
Reliquia vo sehr grosem Wart
Grosàrtig ohna sech z'schicka
Schtolziart ar dur d'Menschahart

Sa sen vor ihm en d'Knie gfàlla
Han gsunga un Wiraüch gschtraït
Ar glaübt às die Menscha àlla
Verehra sina Hochwurtigkaït

Aïner hàt doch da irrtum gsa
Âs ar fer sech d'Ehr tüat na
Saït dina grosa Ibeldung
Därfsch àn dr Nàgel hanka
I geb der a güata Wàrnung
Da besch a Esel sotsch drà danka
Sa tian d'Reliquia verrehra
Wu dü uf dim Recka traïsch
Dina Person tüat sa net schtära
I hof às da jetz Bschaïd waïsch

Manga Menscha tian sech net schàniara
Fer em a bleda Richter si Rock z'salütiara

31 - DR FISCHER UN DR KLAÏNA FISCH
Le petit poisson et le pécheur

A klaïna Fisch wird amol gros
Venn ihm dr Herrgott s'Lawa schankt
Gfànga un broda esch si Los
Sobol ar àm a Ângel hankt
Dr Fischer dankt, ar esch wohl klaï
Âwer ich kà jo no meh fànga
Ar git kä Embis gànz allaï
So esch's dam àrma Feschla gànga
A klaï Karpfla, no na Bletling
Isch vo ma Fischer gfànga worda
Hàt en dr Hànd dàs winziga Ding
Dankt, as get no meh vo dara Sorta
As esch doch heta mi erschta Fàng
Ich màch ihn en mi Fischertascha
Ar esch hàlt klai fer dr Âfàng
Trinkt no na Schluck üs siner Flascha
S'Karpfla tüat zu ihm sàga
Wàs käna Ihr nur met mer màcha
Be züa klai fer ehra Màga
Feschla dàs sen mina Sàcha
O warfa mech doch wedder dri
Un lehn mech a grosa Kàrpf warda
No fànga ihr mech, wàs esch drbi
Ich hà jetz sàt met dim Marta
Un wenn i no zehna tüa fànga
No wird as doch a Imbis warda
Un ich be net umsunscht do gschtànga
Ich tüa der glich jetz verroda
Âs da net labsch en Illüsiona
Da wirsch en miner Pfànna broda
Met àndera Fischla oder ohna
Wenn ma der ebbis tüat schanka
Ischs doch sicher meh Wart ich find
Âs àn dr schenschta Vrschpracha danka
Wu sich viel mol bewährt àls Wind

54

32 - DR FUX DR WOLF UN DR GÄUL
Le renard le loup et le cheval

A junga Fux àwer doch scho schlaü
Hàt s'erschta Ross en sim Lawa gsah
Saït zum junga Wolf, kum un schaü
So na Tiar tüat's salta ga
Uf unserer Màtta fresst as Gràs
As esch deck un fattig ewers Màs

Dr olf frogt eschs acht stärker às mer
Kanntsch mer net bschriwa dàs Veh
Wänn i Kunschtmoler war kännt ich der
Sofort si Portrait màcha em Schteh
Kum met un no warda mer scho sah
So na Wunder tüat's salta ga

Wer waïst fellicht kàt mas frassa
Dàs Tiar wu uns en dr Wag laüft
Ihr därfa doch net vrgassa
Âs ma kä Hàs em a Sàck kaüft
Unser Ross tüat widderscht waïda
Traït sech um un will sa maïda

As troït dana Briader net
Un tat garn furtgalopiara
Sàlu aït dr Fux, wänn da wet
Känntsch uns di Nàma epeliara
Dr Gaül esch net keït vom lätschta Schnee
Frach tüat ar vor da Helda schteh

Miner Nàma mian ihr lasa
Ar esch doch uf mim Âbsatz gschrewa
Dr Fux saït i fress a Basa
I be nia en dr Schüal blewa

55

Be na Ângschthàs, hà net viel Müat
Âwer mi Kumpel liest scho güat

Dr Wolf, vo dare Wohlred beriart
Schtellt sech nawa nem Ross si Füas
Wenn ma drbi viar Zehn vrliart
Kàt ma sàga ma hàt si Büas
Dr Huftrett wirft ihn an dr Boda
Em Blüat süacht ar no sinem Oda

No saït dr Fux dàs esch a Lehr
Fer dàss wu gschüalta Lit àls triwa
I be net gschüalt, waïs doch mehr
Loss mer nit uf d'Schnaüza schriwa
Wär ma net kännt dam esch net z'troia
As hàt scho so na Manger groïa

33 - DR FUX OHNA WÂDEL
Le renard sans queue

Â àlta Fux, àwer sehr schlaü
Un a groser Hianerdiab
Met Kingala nemt ar's net gnaü
Ar gniast sa o met Vorliab
Âwer o Weh, àm a schena Tàg
Kunt unser Wàckes in a Fàlla
Dia schrecklig unàgnama Làg
Hàt im Schlaümayer net gfàlla

Ar kàt sech vo dr Fàlla befreïa
Frliart drbi si schena Schwànz
Dia Schànd kàt ar sech net vrzeïa
Denn ar fühlt sech nema gànz

Ar esch namlig sitter schàniart
Wenn ar met Kolega zama kunt
Wenn ma hàlt si Ifluss vrliart
Vrbringt ma na mangi schwari Schtund

D'Fex han amol Vrsàmlung kà
Ar maïnt, worum han mer da Schwànz
Da Bàmbeli brüche mer net hà
Ar Ghert net zu nserer Bilànz
Mer schlaïfa ihn nur im Track no
Mer sota ihn àlla àbschnieda
Nàtirlig tata mer drno
Einiga Tàga na weni lida

Ihra Maïnung esch seh güat
Saït aïner en dr Trupa
Traya eïch às Jeder tüat
Ihr Hinter na unter d'Lupa
Glich han sa àfànga làcha

57

Dr Wàdellos druckt d'Ohra züa
Wàs hata mer no sota màcha
Dü Schpinsch jo du güata Büa

Un àlle Fex han no met Fraït
Ihr dicka Wàdel widderscht trait

34 - DR FUX UN D'KÂTZ
Le renard et le chat

Lätscht àm a schena Morga
Frey un ohna Sorga
Sin so zwaï Kàlaüwa
Ma kàts jo fàscht net glaüwa
Metnant uf Wohlfàhrt gànga
Âlla Hianer met Bànga
In dr Ângscht vom Vrnichta
Sen vrzwifelt gflichta

Dr Fux un d'Kàtz s'esch klàr
Bilda na Komisch Paar
Schinhaîlig un vrschtola
Tian sa anant vrkola
Un fer ehra Unterhàlt
Wird a mang Hianla kàlt
Ja sa schtahla ewers Mas
Zu da Hianer no dr Kas

So na Büas, sa sàga
Vrlàngt a volla Màga
Ihri Raïs esch sehr wit
Sa han scho lànga Zit
Un ver dàs z'vermaïda
Fànga sa sech à schtraïta
S'Handla kà sa net schtrofa
Vrschont sa nur vom Schlofa

Sa schreïa un kràgela
Ûs volla Lib un Sela
59

Tian dr Frind üsmàcha
No fescht ewer ihn làcha

Dr Fux saït dü besch schlaü
Un nemsch's net immer gnaü
Da besch o so durrewa
Un as schteht doch gschrewa
Ich hà Knif voll mi Tascha
Be met àlla Wàsser gwascha
Ich ha Aï Lischt un kä Hart
Âwer si esch toïsig wart
Weder geht s'Handla los
Wàs mächta nur baïda blos

Kunt a Meüta ku renna
Was màcha mer jetz däna
D'Kàtz mecht em Fux sàga
Hàlt doch andlig met klàga
Hol a Knif üs diner Tascha
Sunscht brüchsch di nema wascha
Mina Lischt dü glaübsch's kaüm
I grabs schtràks uf a Baüm

Dr Fux bol üsem Oda
Schlupft en a Loch im Boda
Sa raïcha ihn üsa
Scho will ar widderscht süsa
D'Hunda tian ihn jàga
Un bol müas ar vrsàga
Schpringt aïner àn si Kela
Verliart Lieb un Sela

60

35 - DR FUX UN DR GAÏSBOCK Br.
Le renard et le bouc

Dr schlaüa Fux esch weder uf dr Wàlz
Met en Gaïsbock, sa trafa sech àls
Dajenig seht laïder net ferner
Âs àn s'Ant vo sina lànga Härner
Unser Fux esch àls Schwindler sehr bekànnt
Dr Gaïsbock märkt's net, s'isch àllerhànd
D'Sunna bränt, sa han a grosa Durscht
Un wàs finga sa no, hinderera Hurscht
Wàsser im a sehr tiafa Bruna
Unsera Kumpel han sech net bsuna
Sa danka net se kännta vrsinka
Un schtiga schnall àwa fer ge trinka
Wu sa glescht han ihra grosa Durscht
Wia käma mer jetz do üsa Burscht
Dr Fux hàt a Ifàll, ar esch güat
Mer käma üsa, hàsch numa Müat
Müasch di ufracht àn d'Wànd Schtella
Un no dina Härner lepfa wälla
Ich grabs no àn der ufa met mia
Un drno kà ich dich üsa zia
Unser Bàrtli saït ihm, da hàsch Racht
Wia käma der dina Ifall acht
Da màchsch mer hàlt a grsa Gfàlla
Mer war so ebbis nia igfàlla
Unser Fux kàt andlig üsa Schpringa
Un tüat em Bock a Predig singa
As esch wirklig a Sàtàn a fracha
tüat dam àrma Gedult züaschpracha
Da hàsch no weniger Vrschtànd waïsch
Âs da numa Bàrt àm Keni traïsch
Sunscht hatsch di bsuna, warsch met Bànga
In so na tiafa Bruna gànga
Ich be jetz dusa, hàsch kurzi Zit

Mi hettiga Wag esch doch no wit
Schtieg jetz üsa, geb der doch mia
Tüa feschter met da Härner zia
Alle, hàsch Geduld, màchs güat däna
I Müas àn mina Gschaftla räna

Dr Bock riaft Hilf, wia ar sech wärt
Laïter hàt ihn doch niama ghärt.

36 - DR GITZHÂLZ UN DR SCHÂTZ
L'avare qui a perdu son trésor

Wàs nutzt im Gitzhàls si Richtum
Worum esch da neckeri so dum
Si gànz Gold màcht ar uf d'Sita
Wàrtet ar uf schlachta Zita
Ar hàt gàr nit vo sim Gald
Labt wia dr Ärmscht uf dr Walt
Dr Esope, in sina Marla
Presentiart uns so na Karla

Ar hàt si Sàck Gold im Gàrta
Vrgràwa nawa nera Hurscht
Hàt uf s'nechschta Lawa gwarta
Da bikunsch lànga Zit Burscht
Dàs Gold hàt ihn namlig bsassa
Ar hàt bi Tàg un Nàcht drà dankt
Numa no Hardäpfel gassa
Si gànz Lawa àn dr Schàtz ghankt
Si Harz esch bim Gold vrgràwa
Ar màcht nit às semeliara
Kännt ma net a Schàtz lo hàwa
Ihn meh lo früctifiara

Jeda Tàg esch ar met Bànga
Hàt ufpàsst às ma ehn net seht
Im Gàrta zum Hirschtla gànga
Controliara äbs no schteht

A Totagrewer hàt dàs gsah
Hàt gàhnt wàs dàrt vrgràwa esch
Bi Nàcht werd ech dr Bola nah
A schena Fàng, àwer kä Fisch
Dr Gitzhàls hàt dr Raub entdàckt

63

Ar seüft, Hilt un esch troschtlos
Worum hàn i di acht vrschteckt
Mi aïnzig Glick wu besch dü blos

A Nochber härt dàs schreia
Un frogt, wàs esch pàssiart
Wan ihr en Ohmàcht keïa
O Wenn ma si Schàtz vrliart
Wot ma àm liabschta schtarwa
Do unter dan Hiffala Grund
Hàt aïner zu mim Vrdarwa
Gmàcht dr àller greschta Fund
Ar hàt mi Vrmega gschtola
Mer sen doch net im Krieg
Da Wagges sot dr Teïfel hola
Glaüwa nur net às ich liag

Hata ehr ihn d'haïm bhàlta
Ânschtàt em a Loch verschtecka
Hat sech niama ufghàlta
Un gràwa unter dara Häcka
Un ar hat eich no diant
Fer a jeda Tàg ge ikaüfa

Frtotla wàs ma schwar vrtiant
Un d'Gschafter màcha laüfa
Nia kàn i a Frànka Ûsga
Gott sot mech drvo hiata
Kä Zentim Kännt i vo mim Schàtz na
Ich tat mer's schwar vrbiata

Worum eich so lamentiara
Verroda mer doch ehr Laïd
Wenn ihr net profatiara
Ân wàs han ihr ihra Fraït
Tian doch a Schtaï vrgràwa
Ar wird eïch glich viel bringa
Wer wot Talwa bis der àwa
Fer a grosa Gwàcker z'finga

64

37 - Dr GRÂB UN DR ÂDLER
Le corbeau voulant imiter l'aigle

A Âdler hàt a Schof gschtola
Un esch met ehm in's Nascht gfloga
Kä Vogel Kännt a Schof hola
Un ihn tràga im hocha Boga

A Gràb da hàt dàs Wunder gsah
Un so na grosa Hunger kà
Ich will mer o na Schefla na
S'esch net immer dr Namlig drà

Ar fliagt um d'Hard uma
Süacht dr dickschta Schof üsa
Da kännt mer gràd güat kuma
Schefla as derf der grüsa

Nun tüat ar ihn àbschätza
Da war fer a Opfer beraït
I därf ihn jetz net hätza
Hàt sech unser Schàgi gsaït

S'Wàsser laüft mer em Mül zama
Wänn i an dàs Faschtassa dank
I brüch viel Kràft fer ihn znama
Niana fing ich so na Gschank

Ar schterzt uf dàs àrma Tiar
Dàs wiegt laïder ewer's Mas
I schlaïf's glich en mi Rewiar
S'esch laïder schwarer às a Kas

Dr Pelz vom Schefla esch so dick

Ar tüat ihn fescht àkràla
Ar esch no vrzaüst zum Unglick
Un wickelt si um sina Kràla

Ar kà dàs Tiar net tràga
Esch uf sinem Ricka gfànga
Un kà numa no klàga
As esch so em a Manger gànga

Dr Hirt kunt met siner Schtànga
Kàt ohna Mey dr Vogel na
Ar brücht ihn net amol fànga
Tüat ihn en sina Kinder ga

Aüga greser às dr Màga
Sen fer a Manger a Schtrof
Danket mangmol àn dia Sàga
Vo salem Gràb un sim Schof

38 - DR GUCKEL UN DR FUX
Le coq et le renard

Ufem Baüm uf Poschta
A àlta schlàüa Guckel
Ewerwàcht Wescht un Oschta
Veràntwortung voll dr Buckel

Dr Fux wu tüat dura geh
Seht dr Guckel gànz dàrt owa
Ar blibt unterem Baüm schteh
Un saït ehm güata nowa

Waïsch scho às jetzt frieda herscht
I kum gràd fer der's z'sàga
Dü besch jetz dr Glicliga Erscht
Mer wan anànder vrtràga

Kum amol da Baüm àwa
Âs ich di kà en d'Ârma na
As get zwescha un kä Gràwa
I well der dr Friedaschmutz ga

Ihr käna ohna Ängschta geh
Un eïra Gschaftla màcha
Mer warda nema em Wag schteh
Ihr brücha nema wàcha

Gàng un sâg's dina Kolega
Reschtet glich a fraïda Faschf
Schtieg âwa, kum mer entgega
Müas no widderscht hà kä Rascht

Dr Guckel saït O mi Frind

Wàs dü saïsch màcht mer Fraït
S'esch d'beschta Nochricht i find
Wàs seh i därt ku zu zwaït

As sen glaub a pàr Windhunda
Wia ränna dia si gschwind
In sehr weniga Sekunda
Sa ràsa schnall wia dr Wind

Sa käma fàscht üsem Oda
Un warda uns gànz glich finga
Sen wàhrschins zwaï Bota
Wu dina Nochrecht bringa

I kum, un fer unser Gfàlla
Käna mer uns drno umàrma
S'Glick esch gross wän mer àlla
A nànder nama en d'Ârma

Ich hà jetz scho na vorfraït
Dr Fux màcht sech üsem Schtaüb
I tràg d'Botschàft wit un braït
Hà scho na Vrschpetung glaüb

Ar hàt so na grosa Wüat
Âs si Lischt net hàt wella klàpa
Âwer unser Guckel tüat
Ains làcha unter dr Kàpa

Ar hàt doch met sim Liaga
Dr schlâüïa Fux käna betriaga

39 - DR HÂS UN D'FRESCHA
Le lièvre et la grenouille

A Hàs tüat in sim Làger wàcha
Wàs kàt ma em a Loch ànders màcha
Ar labt in Ängschta, Schpetzt d'Ohra
Bim gringschta Kràch esch ar vrlora
A Ângschthàs da hàt's hàlt net licht
Hoft às andlig sina grosa Furcht wicht
Ar kà net riewig si Assa gniasa
Labt en dr Ângscht ma tat ufen schiasa
Unser Herrgott tuat mech so schtrofa
Kà hechscht met offena Aüga schlofa
Hàt ihm aïner gsaït, nem dich zama
Da güata Mànn sot sech nur schama
I kà nit gega mina Ângscht màcha
Blib a Ângschthàs,as sen mina Sàcha
I glaüb wohl, un ich trumpiar mi net
Âs d'Menscha o en Ängschta lawa het

So hàt unser Hàs philosophiart
Wahrend às ar sina Umschaü fiart
A Wind, a Schata gan ihm Hitza
Bim gringschta Kràch fàngt ar à Schwitza
So schnall ar kà tüat ar furtränna
So wit às ihn sina Baï tràga känna
Ar rännt dr Dantscha vo ma Weiher no
Un wàs entdeckt ar uf aïmol do
D'Frescha tian ens Wàsser schpringa
Wan Rettung in ihrer Flucht finga
Tian schnall in ihra Hela schlicha
Dr Angschthàs saït, ich màch sa z'wicha

69

Ich vrtrieb dàs Gsindel kàn i sàga
Un tüa ihna grosa Ângscht ijàga
Be fer dàs Volk a machtiga Gfohr
Sa nama mech jo fer a Terror

Im a jedem Angschthàs wird's no klinga
Uf dr Walt a gresera Ângschthàs z'finga

40 - DR HERT UN SI HART
Le berger et son troupeau

S'tüat weder eïner fahla
Ma werd mer no àlla schtala
Mina Schef sen hàlt so bled
Âs jeda besa Wolf dàs seht
Ar kàt mi Hart net vrgassa
Wird no viel Schefla frasa
As legt mer ufem Màga
I zehl sa doch àlla Tàga
Nàcht's tüat ar mer sa hola
Gäscht hàt ar dr Sepi gschtola
Dr treïschta Schof vo àlla
los mer's nema gfàlla
Ar esch mer immer no glofa
Hàt üs mim Gscherla gsofa
War mer gfolgt àn's Ant dr Walt
Ar esch vrschwunda, as hàt gschalt
Hàt s'Rüscha vo mim Sàck ghärt
Ohna às ma's ihm hàt glärt
Hàt mech gschmäckt uf Hunder Schritt
Esch mer noku uf Schritt un Tritt
Si tot tüat mech so riara
So si Lawa frliara

Unser Hirt hàltet a Gràbred
Erklart da Schef wia d'Làg schteht
Ihr mian met unserem Hund
Sobol às dr Wolf weder kunt
Eich met dam Karla massa
No kàt ar eïch net frassa

71

Sa vrschpracha voller Kela
Da kàsch sicher uf uns zehla
Ihr Müat wird dr Wolf frtriwa
Âlla warda tàpfer bliwa
Un da besa Wolf frtrucka
Bis às ar nema kà Jucka
Mer mian dr Seppi racha
Ar biast no si Vrbracha
A jeder tüat ihm schwära
Âs àlla sech warda wära
Härt ihr Mä Mä un kràgala
Mächt so garn uf sa zehla

Laïder in dr nechschta Nàcht
Hära sa àlla às ebbis kràcht
Kunt dr Wolf scho weder denna
Scho tian sa àlla furtrenna
Im Wolf gràd in dr Wag laüfa
Da tüat sech a Parla kaüfa

Wenn schlachta Soldàta vrschpracha
Mer warda àm Find uns racha
Bi dr erschta Gfohr furtlaüfa
Tata s'Vàterlànd frkaüfa
Net uf à Komando losa
Un màcha no en d'Hosa

41 - DR HIRSCH UN D'RAWA
Le cerf et le raisin

A Hirsch vrschteckt hinter era Rawa
Wia ma sa im a Rabgebiet fingt
Hàt käna Räta si trurig Lawa
Wàs sicher net a jedes Mol klingt

Dr Jagermaïschter hàt d'Hunda
Grüafa, dr Hirsch esch üsser Gfohr
Si Harz hàt no klpft manga Sekunda
S'geht dam Tiar wia jedes Johr

As waïst jetz nit gscheiters màcha
Âs siner Wohltater àbwaïda
Si hàndla esch laïder net zum Làcha
S'isch uf dr gànza Walt vrbraïta

D'Jager wus hära, traya sech uma
Un tian unser Hirsch widder Jàga
Güata Lit, so geht's da Duma
D'Hunda schpringa ihm àn dr Kràga

I hà na grachta Schtrof vrdiant
Profatiaret Märder, dr Hirsch keit
I hof às eïch dàs Gschichtla diant
Si Frefeltàt hàt ar schwar bereït

Weh dana wu na Zufluchtsort schanta
Sa kännta wia da Hirsch no anta

42 - DR KÄRWER UN DR MÂGA
Les membres et l'estomac

In unserer Waltorganisation
Beldet àlles metnànder a Kätta
Jed Orgàn bringt si Kontribution
Brücht s'Ândera dàs kà ma Wätta
S'beschta Beld drfer esch dr Màga
Fahlt ihm äbs schperes àlla Gleder
Dr Kärwer hàt sât, ar tüat sàga
Jed Glied esch drfer oder drweder
Uns langt dàs schafa fer da Parasit
Da wird sech no vor uns naïga
Sina Âschprich gehn a betzi z'wit
As esch Zit às mer's hm tian zaïga

A jeda Orgàn wird fer sech lawa
Üsrüya so wia unser Màga
Pàsset uf, denn ihr langa drnawa
Ihr wardes schpira en nechschta Tàga
Mer han ihm taglig s'Assa furniart
Jetz geht's dam Schmàrutzer àn dr Kràga
Denn ar hàt züa viel profatiert

Da Herr hàt uns glehrt nit z'màcha
No han sech d'Hand riewig vrhàmlta
D'Baï han kä Qschritt me wälla màcha
Âlla han dr erschta Gàng igschàlta
Doch bol han sa ihra Schtra¨k bereït
Dr gànza Kärwer esch schlafrig worda
Un ar war bol no en Ohmàcht keït
War fàscht glànda àn dr Himmelspforta
Âlla Schtraïklbriader han igsa
Âs ihr Parasit in Wirckligkaït
Im Kärwer viel me tïat z'ruckga

75

Sa wara glànda en dr Ewigkaït
Han ihn àlf Fühlanzer àna gschtellt
Un ar schàfft vo àlla àm Maïschta
Ar ged ihna Kràft un esch ehra Held
Jeda Orgàn müas nina Ârwet laïschta

Ma kàt dàs Marla metem Schtààt vrglichja
A Organisation wu nimmt un git
Si esch hàftbàr fer Ârma un Richa
Sorgt fer a jeda Hàndwarker wàs wit
Sa müas unsera Beàmta zahla
Un unsetra Büra unterschtitza
Si organisiart o jeda Wàhla
Viel Schtàtsàgschtellta tian nety schwitza

D'Gmaïna han sech àm a schena Tàg
Aïfàch vo ihrem Schtààt wella Ttäna
Dia Unzufriedera erhewa Klàg
Dr Schtààt hàt d'Màcht un se han käna
Ar Härscht ewer Sxchàte, Ehr un Würdigkaït
Un ihna bliwa numa d'Sorga
Âbgàwa, Schtira fer d'Owrigkaït
Sa mian schufta vo Nàcht bis Morga
Sa han decidiart mer gehn, as langt
Mer Süacha uns a àndera Boda

No hàt aïner àn dàs Marla dankt
Ar hàt 's en àlla Ândera Verroda
Un àlla sen wedder haïm gànga
Sa han a neï Lawa àgfànga

43 - DR LEB UN DR JAGER
Le lion et le chasseur

Em a Schprichmàcher si Hund
Isch letscht vrlora gànga
Dàs kunt mer jetz züa bunt
Dankt ar met grosem Bànga

Ich hà na Leb im Vrdàcht
Da hàt wohl mi Hund gfrassa
Ich màch mech glich uf d'Jàcht
Màcht met em Leb mech masa

Ar trift bol a Schofhert à
Frogt, Kàntsch dü mer net sàga
Wi ni dr Leb finga kà
Ar liegt mer ufem Màga

Dr Hirt tüat berichta
Ar labt dert uf salem Barg
Ich will da Herr vrnichta
Dàs esch nur a güat Wark

Fer mi Schofhart z'fiara
Müas ich ihm Schef schanka
Tat sunscht àlla vrliara
Ich derf gàr net drà danka
Nur so hàn i mi Rüa
Wàs sàge n'Ihr drzüa

Un wahrend às sa reda
Kunt unser Leb màrschiatra
D'Hor schtehn z'barg en Beda
Ma dàrf kà Zit vrmliara

Dr Groshàns rànnt wia fruckt

77

Un süacht a züafluchtsort
Sahn nur wia ar sech duckt
Vrgisst no dr Jagerschport

Wu blibt dän siner Müat
Bi dr iminànta Gfor
Ar wu furtlaüfa tüat
Ich zwisel der ebs in's Ohr

As esch net aïnerlaï
Schprichwärter hàn i Zwaï

Da Held mian ihr känna
Jed Gfor màcht ihn furtränna

Hàt so na grosi Schnura
Kunt a Gfor rännt ar dura

44 - DR LEB UN DR LEOPARD
Le lion et le leopard

A Lewin, vor em Schtarwa
Hàt no na Suhn gebora
Wär schitzt ihn vom Vrdarwa
Allaï esch ar vrlora
Im Kenig si Mineschter
Dr Leopard regiart s'Lànd!
Fiart no dr Regeschter
Ar esch no net so bekànnt
Si Gebiet esch rich àn Wild
Ochsa uf àlla Waïda
D' Vorrodkàmmer esch gfillt
Fer a Bànket z'beraïta
Hirscha, Hàsa un Gaïsa
Un sunscht no na Màssa Veh
Wenn sa net sen uf Raïsa
Tian àlla uma schteh
Ma brücht sech net z'schàniara
In so ma Schnràràfalànd
Do kàt ma sech serviara
Ma hàt àlles àn dr Hànd
Dr Leopard hàt dam Kind
A Visita àbgschtàta
As räd sech uma so gschwind
Wirft uf a manga Débàtta
Ar riaft em Fux fer Rot
Da esch doch so durreva
Unseri Kenigin esch tot
Doch ehr Schprösling esch blewa
As esch a Ungleck ich find
So jung un scho gànz allaï
Dàs àrma Waïsakind
Hàt no so schwàcha Baï
Mer sottes unterschtitza

79

Ihm ga àlles wàs ihm ghärt
Uf's luaga un's beschitza
Leopard dü hàsch no nit glärt
Da derfsch kä Metlied zaïga
Müasch's gànz schnall vrnechta
Wirsch di sunscht vor ihm naïga
Dàs tüa ich der berechta
As wàchsa sina Kràlla
Un sina Zehn lära bissa
No màcht as der kä Gfàlla
Wird dech viellicht no frissa
Da Därfsch ka Zit vrsüma
Ich heb der no dr Düma

Ziat ma uf a Schlànga
So labt ma hàlt in Bànga

45 - DR LEB UN D'RÂTA
Le lion et le rat

Ma müas àls äbber zum Dànk verpflichta
Un brücht mangmol dr Kleinscht vo àlla
Zwaï Sàga tian drever berichta
Sa warda eïch doch baïda Gfàlla

Zwische m'a stolza Leb sina Kràlla
Schlupft a klaïna Ràtta üssem Boda
Unser Kenig màcht ihr a grosa Gfàlla
Vor Schracka vrliart si fàscht dr Oda
Dr Tyran, as esch fàscht net zum Danka
Tüat ihr groszügig s'Lawa schanka

Dia Wohltàt esch net vrlora gànga
Hat aïner dankt às a so groses Tiar
Sech im a Tàrniarta Netz tat fànga
Ar brialt in dr Wàlt wia na Schtiar
Schlàt üs un kàt sech doch net befreïa

Unseri Ràta härt dàs Mordioschreïa
Si kunt so schnall si kà zur Hilf ku ränna
Tüat met Ihra Zehn en d'Màscha bissa
Aïna no dr àndera lost sech tränna
Aïna no dr àndera kàt sa frissa

Si tüat s'Loch immer greser bringa
Dr Leb kat andlig d'Freyhjaït finga

Gedult, gwessa Zit un a weni Müat
Màcha àls meh às Kràfft un Wüat

81

46 - DR LEB UN S'MICKALA
Le lion et le moucheron

Màch di los àrmsaliga Hüch
Misràwel Gschäpf, klaïna Track
Brialt dr Leb so gànz rüch
Üs mina Aüga, gàng awack

D'Mucka kà dàs nema hära
Si pfift uf Kenig un Krona
Tüat ihm dr Kriag erklära
Glaüb net às i dech wird schona

A Ochs tat s'jo met der ufna
Ich Âwer kà ihn fiara
I wot garn às dü dàs känntsch sah
Ar tüat mer bàriara

Küm hàt s'Meckala fertig grät
Geht s'Müatig zum Âgreff vor
Scho schticht s' in unserem Kàdet
Met sim Ressel in's linka Ohr

Dr Leb kunt in so na Wüat
Si Aüg glanzt, ar brüllt gànz fescht
Ma seht scho na Tropfa Bluat
Wrdrucka wird ich dich dü Pescht

Âlles wu labt tüat vrschrecka
Sa sen vrzwifelt vo dam Kàmpf
Jedes will sich nur vrschtecka
Sa han bol sàt àn àll dam Kràmpf

A Universella Âlàrm

Isch s'Wark vo unserem Meckla
Un unser Leb, dr Waldschàndàrm
Brüllt i riss di no in Schtickla

As fliagt ihm um si Schnura
Schlupft ihm drno in d'Nàsa
Tüat ihm um d'Ohra sura
Unser Leb schümt bol vor Ràsa

Dr Kenig im Zerschtärungswüat
Kràtzt un bist rund um sech uma
Zerflaïscht schteht ar im Blüat
Tüat met sim Wàdel truma

Ar liegt bol erschäpft àm Boda
Un hàt dia Schlàcht vrlora
Met Mey suacht ar no Oda
So geht s'àls da Hochgebora

Unseri Mucka siegesschtolz
Trompetet a Siegesliad
Sitzt a rung àb uf a Holz
Si esch hàlt o na weni miad

Fliagt furt, da sotsch dech bsina
Làndet im Nätz vo dr Schpina

Zwaï sàcha tüat s'uns lähra
Erschtens às unter zwaï Find
Ma sech maischt müas währa
Gega da wu ma hàrmlos find

Ma kàt dr grosa Gfohr entgeh
Un inra Klaïna untergeh

47 - DR LEB VOM MENSCH BESIEGT
Le lion abattu par l'homme

A Moler hàt letscht üsgschtellt
Uf sim Bild seht ma na Held
Met ema Leb im Kampf
Wàs bedidet da Kràmpf
A Tiar met groser Gschtàlt
Dr Held gwinnt d'Schlàcht hàlt
Dàs Bild as gfàllt en àlla
D'Âwasenda tian pràla
Dr Mensch beherscht doch d'Walt
Ar esch tàpfer un hàt Gald

A Leb geht gràd dàrt dura
Känner troit meh mura
Ich seh às hr do enna
Uf dam Bild d'Schlàcht gwenna
Met Menscha kà ich mi massa
Hà scho so manga gfrassa
Schàd às mer net mola käna
Sunscht tat ihr Held furträna

48 - DR NÂR UN DR KLUG
Un fou et un sage

A Nàr esch amol em a Kluga nogrännt
Un hàt ihn aïfrig beworfa met Schtaï
No hàt da kluga Mànn dankt ich kännt
Amol a Wetz loslo met Heüchelaï
Ar trait sech um, saït merci mi Frind
Do hàsch jetz fünf Frànka fer dina Mïa
Âwer trotzdam, fer so na Ârwet i find
Sotsch dü aïgentlig viel meh Gald zia

Sehsch net saller Mànn wu kunt ku laüfa
Da hàt sicher a Bola Gald zum zàhla
Zaïg ihm di Kunscht, ar wird sa àbkaüfa
As bliwa ihm secher käna àndera Wàhla
Âgraïtzt vom Lohn rännt scho unser Nàr
Un bewerft met Schtaï da güata Mànn
Da traït sech um, un haüt ihm à Pàr
Unser Nàr rennt furt so schnal ar kànn

Bi da Keniga hàt's o ga so Nàra
Sa han àlla gfopt, dr Kenig hàt glàcht
Niama troït ihna àn dr Kàra fàhra
A Känner hàt zu dam gniagend Màcht
Sa han hinterlischtig miasa vorgeh
Ihn gega nem Kenig sina Liabling rechta
Weh em Nàr wenn d'Schmaïchler si Vrgeh
In ihrem Herr un Maïschter tian berichta

49 - DR SCHÜAMACHER UN DR FINÂNTZMÂNN
Le savetier et le financier

A Schüamàcher hàt vo Morga bis Nàcht
A Liadla gsunga, a wàhri Pràcht
Sina Singübunga han sehr wit dehnt
Vrgràwa unter sim Hufa Gold
Si Nochber hàt sech no Rüa gsehnt
Esch unserem luschtiga Mànn net hold
Hàt nia gsunga un kàt net schlofa
Si schwara Richtum tüat ihn schtrofa

A grosa Finànzmànn esch unser Herr
Hàt met em Schûamàcher kä Vrkär
Gega Morga wenn ar dr Schlof gfunga
Hàt dr Nochber si Liadla gsunga
Hàt da Mànn en sim Schlof derangiart
Wàs net àlles uf dr Walt pàssiart
Ar hàt gjomeret un net käne Vrschteh
As net àlles no sim Wunsch tüat geh

Worun kàt ar net uf dr Markt laüfa
Un därt sina Schlof känte kaüfa
Ar hàt dr Sanger amol iglda
Un fer às ar andlig hàltet met schàda
Frogt ar ihn, wàs vrtiane Ehr im Johr
Dr Schüamàcher kràtzt sech hinter em Ohr
I kà dàs net so aïfàch sàga
As get güata un schlachta Tàga

I tüa mina Inàma net zehla
Will liawer singa un kràgela
Màch wenn meglig doch käna Schulda
Denn das kännt i aifàch net dulda
Manga tàga ess i hàlt numa Brot

Wenn i ehna dàss sàg werd i gànz rot
Màcha Ehr Profit àn jedem Tàg
Nur mina Klianta bschtema d'Làg

As get Tàga wu ma net derf Schàffa
Denn d'Pfarrer wu uns nogàffa
Tian neya Haïliga finga
Wu uns àrwetlosa Tàga bringa
Dr Finànzmànn hàt miasa làcha
Saït ihm, Ich will dech glecklig màcha
Nem da Sàck Gold, tüa ihn vrschtäcka
Brüchsch di nema no dr Däcka schträcka

Wu dr Schüamàcher seht so viel Gald
Dankt ar, I be dr Richscht uf dr Walt
Ar rännt haïm fer si Schàtz z'verschtäcka
Im Kaller fer kä Vrdàcht z'erwäcka
Tàg un Nàcht schpitzt ar sina Ohra
Ar hàt Humor un dr Gsàng vrlora
A Jedes Gereüsch wu ar kännt hära
Tüat dr Held en sim Schlof Schtära

Âm Ant wàs màcht no da güata Mànn
Zum Wohltater rennt ar so schnall an kàn
Risst unser Gresüs üs sim freya Schlof
Nahmet ehr Gald, s'esch mi greschta SchtrofIch
Ich will doch weder schlofa un singa
Winsch às as Ehna Gleck tüat bringa

Dajenig wu labt ohna Sorga
Dankt àn het un net àn Morga

50 - DR TOT UN DR HOLZER Br.
La mort et le bucheron

A àrma Holzer, a Walla ufem Ricka
Isch ufem Haïmwag, ar müas sech schicka
Dàs Holz esch schwar, un o sina viela Johra
Ar fühlt sech uf aïmol so gànz vrlora
Jomeret gebuckt un met ema schwara schritt
Ar müas doch àbsolût no heimgeh hit
Kà wirklig nema vor Âschtragung un vor Schmarz
Wirft si Wala àb, As geht ihm a Schtich dur s'Harz
Wia viel Fraït hàt ar kà uf dara Walt
Git s' no n'a Ärmerer às ar, as hàt gschallt
Mangmol kä Brot, un ar kunt nia zu Rüa
Si Fraü, d'Kinder, un d'Schtira drzüa
Bschriwa ihm wia gmolt a unglickliga Mensch

Ar riaft em Tot, as esch net fer z'làcha
Da kunt gànz schnall, frogt wàs sot i màcha
Käntsch mer net halfa dia Walla ufga
As tat mer so diana un der kä Zit na

Fer z'Schtarwa tüat dr Mensch sech schpära
Ar will net furt, tüat sech drgega währa
Liawer tüat ar no lida às erlega
Maldet sech dr Tot esch Jeder drgega

51 - DR TOT UN DR UNGLÜCKLIG
La mort et le malheureux

A Unglückliger hàt jeda Tàg
Em Tot um si Hilf gschroïa
O Tot wia besch du schen, i sàg
Un bet dech, tüas fàscht net troïa
Kum un nem mer andlig mi Lawa
Dr Tot kunt glich, ar hàt ihm glaübt
Un will da àrma Mànn net lo rawa
Ar hàt scho so viel s'Lawa graübt

Wàs seh ich schreit da krànka Mànn
Ich bitt dich gàng, will di net sah
Da besch so àbschreckend un i kàn
Aïfàch dech net lo mech metnah
Kum net neher dü güata Tot
Ich will dech net sah en minner Not

A Mensch kà so viel üsschteh
Will net si àrmsalig Lawa lo
Ar lidet liawer un hàt Weh
Im Zwifel wàs im Tot kunt no

52 - DR W0LF UN DR FUX VOR GRICHT
Le loup plaidant contre le renard par devant le singe

A Wolf hàt gsaït, ma hàt ihn bschtola
Un bittet, gehn doch dr Fux ge hola
Ar esch dam Vogel net huldig
Un bhaüptet nur da esch schuldig

A Âf hàt no dr Prozas glaïta
Scho schtehn sa vorem Richter Baïda
Sa han sech miasa verraïdiga
Kä Jurist brücht ver sech z'vertaïdiga
Dr Wolf hàt gsaït, ar hàt mi bschtola
Dr Fux kàt mehrera Ziga hola
Wu da Herr raïn han käna wascha
Ar esch sech vorku wia na Pacha
Sa han Argümenter käna bringa
Wu sa in ihrer Phàntasie finga
Sa hàndla, briala un kràgela
As geht em Richter dur Lib un Sela
Ar müas dia Schtrolcha jügiara
Un mecht às Baïda vrliara
Tüat a Salomon Urteil fälla
As trifft unsera baïda Gsella
Ihr sen mer zwaï schena Wàndàla
Âlso mian ihr Baïda zàhla
Im Wolf hàt ma nit gschtola, ar liagt
Un dr Fux hàt gmeckelt, ar betriagt

Dr Richter hàt ghàndelt met Vrschtànd
Kàlaüwa verurtaïla esch kä Schànd

53 - DR WÂLD UN DR HOLZER
La forêt et le bucheron

A Holzer met sehr groser Kràft
Da hàt si Âxhelm vrschlàga
Ar Jomeret, jetz hàn is gschàft
Si Pach liegt ihm uffem Màga

Ar mächt kä Zit vrliara
Âwer si Ârwet blibt jetz schteh
Dr Wàld kà profetiara
Wàs jetz, ar müas haïm geh

Ar tüat sech àn d'Baïm wanda
Bittet sa, schanket mer a Âscht
Ich wird eïch nema schanda
I find kä Rüa, kä Ràscht

Wird en a ànder Lànd zia
Los schteh Aïcha un Tànna
Eïch vrlo kostet mer Mia
Ich müas mech hàlt vrbànna

Dr Wàld, in sinner Güata
Nimmt frindlig sina Betta à
Schankt ihm àlso d'Rüata
Wumet ar ihn foltera kà

Ar hàt a Schtiehl façonniart
Tüat ihn àn d'Âx àpàssa
Ohna às ar sech schàniart
Kàt ar si Gschier àfàssa

Ar Will's glich üspropiara
Haüt àb dr àller nechschta Âscht
Un ohna Zit z'verliara

Fällt Baïm ohna Rüa un Ràscht

So geht's en hettiga Tàga
Wenn ma ebbis tüat schanka
Därf ma nohar net klàga
Ma sot àn d'Folga danka

S'blibt bim Âlta uf dr Walt
Jeder mächt dr Ânder bschissa
In Ruhm, Ehr, Glick oder Gald
Will ar d'Däcka àn sech rissa

Undànkbàrkaït esch dr Lohn
Si geht nia üssem Moda
A jeder Mensch waïst dàs schon
Ma brücht's en känem verroda

54 - DR WOLF VRKLAÏDA ÂLS HIRT
Le loup devenu berger

A Wolf met grosem Âppetit
Mächt so garn a Schefla schtala
Fer dàs brücht ar laïder Zit
Un därf si Plàn net frfala

Ich will dr Âgriff beraïta
As derf mer dàs mol net fahl geh
Kännt mech àls Hirt vrklaïda
Müas drbi hàlt ufracht schteh

Ar legt a Laderkettel à
A Schtacka get dr Schäferschtàb
A Düdelsàck hangt ar no à
Sieht üs wia na Hirtaknàb

Hat garn uf dr Hüat gschrewa
Ich be dr Schäfer vo dar Hart
Ar hàt sech s'Handla grewa
En avant jetz uf dr Schofmart

Gega d'Schef ruckt ar làngsàm vor
D'Forter Pfoda ufem Schtàb
In dam Momant härscht no kä Gfohr
As esch doch a sübtila Knàb

Dr rechtig Schofhert liegt im Gràs
Un gniast dr Schlof vom Grachta
Bis jetz hàt dr Wolf hàlt Chance
Ar kännt d'gànza hart fachta

Dr Hund schloft o in sim Ecka
D'Schef tian riewig màla
Un fer kä Vrdàcht z'erwecka

95

Un net im gringschta ufzfàla

Hàt unser Volf dankt, wenn i no
Tat reda zu mim Klaïd
Dr Hirt un àlla frblüfft drno
Gabta mer no meh Frehaït

Ar will hàlt imitiara
In unserem Schofhirt si Schtim
Tuat so na Geheül frfiara
Hirt un Hund häres, s'isch schlim

Dr Schafer ergrifft siner Schtock
Dr Hund rännt em Wolf entgega
Da esch vrwickelt en sim Rock
Un kà sech nema bewega

Dr Hirt haüt ihm uf dr Kopf
Dr Hund bisst ihn ohna Düra
Ohmachtig esch da àrma Tropf
Känner tüat ihn bedüra

A fàlscher wird immer gfànga
Wer Wolf esch sot àls Wolf hàndla
Em a Manger esch's so gànga
Echt bliwa, sech net vrwàndla

55 - S'ROSS UN DR ESEL
Le cheval et l'âne

Ma müas uf dara Walt
In Liawa un in Gald
Im Mettmensch àls zur Hilf geh
In sinner Not ihm bischteh
Ma kännt in s'Ungleck keïa
No tat mes schwar bereïa

A Gaül , nur a Sàttel ufem Ricka
Hàt amol a Esel beklaïda
Da àrma Tropf muas sech schicka
S'Lawa esch ihm vrlaïta
Dänn ar traït a sehr schwari Làscht

Da Gaül tuat so schtolz màrschiara
Drwilscht às ich bol umkeï fàscht
Kännt wohl no mi Lawa frliara
Ar bettet s'Ross, Hilf mer doch tràga
Sunscht kum i no um vor dr Schtàdt
Da Käntsch bol hàlta met dim Klàga
Met diner Jomereï bikum i sàt
Nem mer àb nur d'hàlwa Làscht
Âs i doch kännt recupériara
Da hàsch hàlt Narfa, un glaübschs fàscht
Un tüasch di gàr net schàniara

Uf aïmol eschs hàlt wirklig pàssiart
Dr Esel esch plätzlig zama brocha
S'Ross seht züa wia ar krepiart
As schamt sech un schteht wia gschtocha
Hat ich mim Kumpel net käna bischteh
Jetz müas i d'gànza Làscht tràga
So tüat's àls da Harzlosa geh
Häret wia da Gaül tüat klàga

97

Ar müas drbi no dr Wàga zia
Sa han dr àrma Esel druf glàda
Ar grabst dr Barg ufa met groser Mia
As tüat dam Egoïst net schàda

56 - ZWAÏ GAÏSA BR.
Les deux Chèvres

Zwaï Gaïsa tian waïda
Sen bockig àlla Baïda
Sehna sech so no Freyhaït
Sen voller Ungeduldigkaït
Màcha sech uf Wànderschàft
Sa han so viel Müat un Kràft
Wan doch mirwer Gràss finga
Jed Hinterniss bezwinga
Sa sen bol gànz vrlora
Gehn net zruck han sa gschwora
Baïda so vo sech ignu
Warda scho na Schtrof biku
Wissa net wàs Nogah haïst
Vor Aïgasin sen sa entglaïst
A Âbgrund, unta na Bàch
Bol git's jetz a schwara Kràch
Drewer a sehr schmàla Schtag
Sa sahn kä àndera Wag
Jeda schteht uf sinem Bord
Wàs git's jetz acht fer a Schport
D'Erschta màcht a Schritt uf's Brat
Bäscht Momant fer a Gebat
Dr àndera Dickkopf wàs wet
Màcht o glich dr erschta Schret
Harzhèft tian sa vorgeh
Un bol gegenànder schteh
Wia schnal baïda sech bucka
Un met ihra Käpf drucka
Uf dam üserschmàla Holz
Gan net no in ihrem Schtolz
Bol mian baïda kicha
Schwära às sa net wicha

Schterza dr Âbgrund àwa
Bis in dr Wàssergràwa
Sa brücha nema waïda
Frsüfa àlla Baïda

Wär vom Aïgasen ignu
Werd scho sina Schtrof biku

Table des matières

www.ingramcontent.com/pod-product-compliance
Lightning Source LLC
LaVergne TN
LVHW021523080426
835509LV00018B/2624